Este libro está dedicado a mi maestra, la Sra. Johnson.

Publicado en EE. UU.
Para más información, envíe un correo electrónico a jenniferjonesbooks@gmail.com

Tapa blanda ISBN: 978-1-63731-748-8
Tapa dura ISBN: 978-1-63731-749-5

CRAYONS ON STRIKE

Jennifer Jones

De todos los útiles de escritura
Que hay en la conejera de clase
Nos usan mucho,
Pero no piensan mucho en lo que uno hace.

Somos útiles, pero a veces
Nos usan en inadecuadas posiciones.
Nos muelen a pedacitos de cera,
Y maltratados en muchas ocasiones.

Algunos niños no lo piensan dos veces
Cuando tienden la mano a Rojo,
Lo agarran con los dedos
Y lo rompen con enojo.

O cuando hacen girar a Violeta
Rompiendo su papel alrededor.
Violeta pierde su papel protector
Cuando su etiqueta ya no sirve como indicador.

Pero puede que Azul se lleve la peor parte
Porque a menudo lo fragmentan.
Está esparcido por la silla
En la que todos se sientan.

¿Puedes imaginar lo que se siente
Estar sentado, aplastado o aplanado,
Ser tratado de una manera
Que nos hiere demasiado?

Lo peor fue cuando nos dejaron fuera
En las ventanas cuando el sol calentaría.
Nos olvidaban en el calor
Hasta que acababa el día.

Nos derretíamos hasta que se nos
perdían los colores
Y nos empezamos a derretir,
Pero luego nos desecharon
Porque ya no podíamos escribir.

Así es. Los crayones más planos
Fueron tirados rápidamente a la basura.
A menos, claro, que los niños tuvieran otros planes,
Como rompernos de manera segura.

Magenta siempre estaba destrozado.
Sus pequeños pedazos por todo el escritorio.
¡Esta no era forma de usarnos, crayones!
¡No es nada satisfactorio!

Bueno, un día, Amarillo se hartó y dijo,
“¡No toleraremos más este escenario!”
“¡Vamos, crayones! ¡Hagamos huelga!
Escondámonos detrás de la puerta del armario”.

Los niños estaban almorzando,
Así que actuamos con astucia y valentía.
Volverían de la hora del recreo,
y nos encontrarían que Amarillo no mentía.

Así que nos dirigimos allá,
Dejando rayas de color en el suelo.
Los niños ya no podían abusar de nosotros.
¡No toleraremos otro desvelo!

Seguro, ellos verían los colores
Que conducen a nuestro escondite,
Pero no lo toleraremos más,
¡No, hemos llegado a nuestro límite!

Los niños volvieron de comer
Y se les asignó una tarea para colorear.
"¿Qué colores van a usar?"
Preguntó el profesor sin titubear.

Los alumnos tenían que dibujar a sus familias
utilizando tantos colores como pudieran encontrar.
A cada uno se le dio una hoja en blanco
Sin nada, ni puntos o líneas se podían mirar.

Los niños buscaron en sus mesas,
Cuando no nos encontraron hubo un revuelo.
Entonces un alumno siguió las líneas de colores
Que dejaban un rastro en el suelo.

“¡Crayones! ¡Salgan! ¡Los necesitamos!”
Alguno de los niños gritó
“¡Estamos en huelga!” Marrón le respondió.
Y un mejor trato él le solicitó.

El niño convocó una reunión de clase.
“Vamos decirles lo que haremos
Para mostrarles respeto
Y que también los cuidaremos.”

Por favor, vuelvan crayones.
Hasta ahora nadie les comprendía.
Hemos aprendido la lección –
Empecemos un nuevo día.

Haremos de nuestra clase
Una “Zona de Respeto” total.
Trataremos bien a nuestras herramientas
Se volverá algo fundamental.

En nuestros estuches,
Los guardaremos con cuidado.
Para que siempre estén ahí,
Y cumpliremos todo lo expresado.

Entonces podremos acabar la labor,
Y no será una carga, ni un pesar.
Respetaremos nuestras herramientas con honor,
Hemos aprendido y sabemos mejorar.

Estábamos tan encantados
Por el respeto y la comunicación
Desde ese día nos trataron
Con mucho amor en nuestra relación.

Ayudamos a los niños con sus proyectos,
como siempre lo hacemos.
Al final, se maravillaron con todos los colores,
Y también tratamos de ayudarlos.

www.ingramcontent.com/pod-product-compliance
Lightning Source LLC
Chambersburg PA
CBHW042025090426
42811CB00016B/1743
9781637317495